JN440723

순전히
거짓말

이 도서의 국립중앙도서관 출판예정도서목록(CIP)은 서지정보유통지원시스템 홈페이지(http://seoji.nl.go.kr)와 국가자료공동목록시스템(http://www.nl.go.kr/kolisnet)에서 이용하실 수 있습니다. (CIP제어번호 : CIP2020011249)

순전히 거짓말

초판 1쇄 발행 2020년 4월 1일

지은이 손영단

펴낸이 임병천
펴낸곳 책나무출판사
출판신고 2004년 4월 22일 (제318-00034)

주소 서울시 영등포구 신길3동 325-70 3F
전화 02-338-1228 **팩스** 0505-866-8254
홈페이지 www.booktree.info

ISBN 978-89-6339-647-7 03810

순전히 거짓말

손영단 시집

책나무출판사

작가의 말

누군가가 물었다
시인이세요?
생각해 보니
등단이란 것을 하고 몇 차례
공저랍시고 책을 낸 적 있으니
시인인 것도 같고
이것이 내가 쓴 시라고
알 만큼 내세울 한 줄의 시도 없으니
아닌 것도 같아
대답이 입안에 뭉그러졌다.

등단 이후
밥보다 돌이 많은 내 시는
체할 때가 많아
오늘도 소화제를 찾아 헤맨다
시인이 되기 전에 먼저
사람이 되라던 말씀
매일 체한 밥만 먹는 나는
사람 되기도 아직 멀었는데…

| 목차 |

2장 / 밥 한번 먹자

3장 / 잘 익는다는 것

1장

당신, 별일 없습니까

삼세번

가위바위보도
세 번은 해야 판가름이 나고
밥 한술 덤으로 얹는 것도
세 번은 덜어 줘야 흐뭇한 우리 인심
군침 도는 친구네 밥상 앞에서도
친척 어른 내미시는
가슴 뛸 만큼의 용돈 앞에서도
괜찮습니다, 괜찮습니다, 괜찮습니다
손사랫짓하며
세 번쯤 사양하고 세 번쯤 권하고
알고 보면 감사한 마음과
그 마음 읽어주는 따뜻한 마음이
같이 들어있는 말
삼세번

그런 적 없었나요

가끔은 마음에도
겹겹인 구름층이 있어 소나기로 왈칵
쏟아지고 싶을 때 있지 않나요
이정표 하나 없는 막막한 길 위에서
한여름 열대야처럼 숨이 막힐 때면
간 쓸개 다 드러낸 해부실의 개구리로
눕고 싶을 때 있지 않나요
상처 입어 쓰린 마음
막소금 뿌리듯 뿌려놓고, 본체만체
침묵으로 대신하는
바다이고 싶은 적도 많았는데
정이라는 이름으로 다져진 동안
혹시,
당신은 그런 적 없었나요

층간 소음

나의 지붕 위에는
계절마다 빛깔 다른 하늘이 이사 가고
아기별 가족이 들어왔다
서까래를 걷는 발걸음
외줄을 밟고 위태로운 별의 모서리
놀란 은하수가 우르르 몰려와
낙수처럼 쏟아지는 별 가루
첨탑 위에 걸터앉은 달빛도 안다
두레박을 타고 오르내리는
장난기 가득한 눈망울의 고 녀석
낮잠의 등에 업혀 숨바꼭질하는 시간
지루한 나의 마당에 멍석을 깔고
턱 괴고 엎드려 듣는 경전
칼칼한 목이 경건해진다

반성

아버지가 산처럼 느껴졌을 때
나는 왜 새가 되지 못했나
이 핑계 저 핑계로 둥지만 맴돌면서
아버지의 산이 자꾸 낮아지고 있을 때
나는 왜 뿌리 깊은 나무가 되지 못했나
엉성한 가지로 산이 헐겁다 탓하기만 하면서
산도 언덕도 사라진 지금
이제는 산처럼 커버린 아이들 앞에서
뿌린 대로 거둔다는 무서운 말
처음으로
내 속에 든 내가 부끄러웠다

친구

뒤돌아보지 않고 가는 강물은
바다에 도착하면 서로 만난다지만
짠물이 되어버린 서로에겐
맞잡은 손마저 어색해
부서지는 거품으로 백사장에 누워서야
겨우 안부를 묻는다
모래알 속으로 무덤을 파면서

비슷하게 닮아버린 숨소리
당연하게 여기며 멀어져 버린 우리는
바다가 되기 전에 잠시 고인 웅덩이에서
서로 어깨를 부딪쳤을 때
산골에서 만난 이끼 낀 바위에 대해
발밑을 간질이던 민물고기에 대해
수신호라도 주고받았어야 했다
지루한 일상도 가끔은 통해야 하는 것

멀어졌던 것들 가까워질수록 아득할 때
거슬러 올라가 보자

나의 골짜기가 우리가 되었던 강물로
먼 훗날 영혼의 바다에서
너의 이름 나의 추억이
휴면 계정으로 떠돌지 않도록

동상이몽

빗줄기 쏟아지는데
한 남자
하수구가 막혔나
물길을 뚫고 있다
비는 점점 세차게 내리고
빗물은 종아리까지 차올랐는데
아무리 뚫어도 뚫리지 않는다
뒤집어 쓴 것이 흙탕물인지 빗물인지
혼자 끙끙대는데
집 안에는 아이들 웃음소리
장단 맞추는 마누라 손뼉소리

내 집 앞마당도
물이 차면 안 보이고
같이 사는 사람도
속을 모를 땐 남이다

서쪽 바다, 그리고 이별

돌아서는 순간에도
아린 상처 아물라고
하얀 물살을 밀어 올리며 물러가는
너는 어쩌면
참 착한 바다인지도 모르겠다
눈을 피해 오기도
눈앞에서 밑바닥을 드러내기도 하는 너는
사랑만큼 모진 것도 없다고
말하겠지만
어차피 이별할 요량이라면
처음 왔을 때처럼
한순간에 돌아서고 말아라
다독거린 상처마다
그리움이 새살로
돋아나게 하지 말고

비 오는 날 식당에서

낯선 동네 어느 식당
자정 넘긴 시계추 졸린 눈 비빌 때
허겁지겁 들어온 아가씨
칼국수를 시켜 먹는다
고춧가루 범벅인 생김치
우걱우걱 씹어 넣고
국물에 동동 뜬 야채 몇 가닥까지
후루룩 마셔버리고는
벌겋게 달아오른 술의 힘에 겨워
간이역 같은 눈물을 짓더니
딱 한 잔밖에 마시지 않았는데 취했다며
어디론가 전화를 걸고
민망한 헛손짓에 웃는 눈매
9월 들국화 같네
천 원짜리 몇 장으로
배부름과 맞바꾼 배고픔 덜어 놓고
깜박이는 전등 아래 또각또각 하이힐 자국
허름한 테이블 위 빈 국수 그릇에
낙수처럼 떨어지는 세상 허기

불청객

내 마음에
주파수가 있다면
마음 1킬로헤르츠 추억
마음 2킬로헤르츠 그리움
안테나를 곧추세우고
TV 편성표처럼 시간별 요일별
은근살짝 꺼내 볼 텐데

주변머리 없는 가슴
추억도
그리움도
아무 때나 찾아온다

그곳에 가면

기억마다 아련한 그곳에 가면
그리움을 기적 소리처럼 여기며 사는
사람을 만날 수 있습니다
센베이 과자가 주인 행세하는
간이매점 앞에 손때 묻은 못난 거울
추억은 아무리 닦아도 지워지지 않는다며
신호 없는 휴대전화를 만지작거리다
약국에서 산 활명수 한 병을
고급 커피 음미하듯 홀짝거리는
사람을 만날 수 있습니다

하얗게 칠한 벽면에 알 수 없는 낙서가
도배지처럼 발라져 있는 그곳에 가면
흰 겨울에도 단풍으로 절경인 대형 사진을
자신의 심장 밖에 꺼내 붙이고
아무렇지 않은 척 쓸쓸한 간이역이 되어버린
사람을 만날 수 있습니다
하루 종일 기다려도 꿈적도 않는 썰렁한 역사처럼
누렇게 변한 시계를 몇 번씩 바라보다가

혈관처럼 얽혀 있는 대도시 전철 안내표에 현기증이 난다며
빛바랜 금연 표지 앞에서 담배 연기를 피워내는
사람을 만날 수 있습니다

세월보다 눈가에 주름이 더 빨리 질 때쯤
고속열차도 간이역이 필요할 거라고
찢어진 지명수배자들의 사진을 물끄러미 바라보며
당신이 돌아볼 과거를 위해
자신의 미래를 묻고 사는 그 사람 때문에
그곳에 한번 다녀와야 할 것 같습니다

기다림

- 덕수궁에서 -

간밤
사紗창가에 머물던 청잣빛 음영
꿈결에 밟아 온 이슬인 줄 알았더니
칠월 칠석 울다 지친 반쪽짜리 달
연 향기 하얀 연못
낮달이 씻고 간 그림자 우에
오음[*]으로 우는 난새[**]의 날갯짓
새벽하늘 검은 옷을 벗고
님 지난 걸음마다 비늘 지던 용문龍紋
불발기 창에 재 되어 눈물겹다

[*]난새: 상상의 새. 모양은 봉황과 비슷한데 깃은 붉은빛에 오채가 있고 오음으로 운다고 함.

[**]오음: 궁상각치우 宮商角徵羽. 아악(雅樂)이나 성명(聲名)에서 쓰인다.

하늘을 나는 허수아비

과수원 한 모퉁이 긴 꼬리를 달고
부릅뜬 눈으로 기氣 싸움을 벌이는
가오리연
하늘을 함께 누비던 새들과 등을 돌리고
빙글빙글 제자리걸음에
휘청거릴 때마다 소름이 돋았다
누군가의 꿈을 싣고 창공을 날아올랐을 몸
악몽 같은 연줄은
팽팽히 당겨도 과수원 한 모서리
어지럼증은 지병이 되었다
뜨거운 햇살에 살갗은 바래고
쩍쩍 갈라진 피부
멋대가리 없이 구멍 난 가슴
간절한 것은 먼발치에 서성이고
일탈을 꿈꾸던 마음 접은 지 이미 오래
살금살금 참새 한 마리
머리 위에서 곡예를 한다
가오리연
눈을 치켜뜨고 힘껏 꼬리를 지쳤다

말줄임표

하고 싶은 말이 너무 많아서 그랬을 거야
속에서는 봇물 터지듯 터진 말들을
말의 태반 속에 스스로 가두어 놓고
미동도 없이 버티는 점 점 점
끝날 것 같지 않은 모든 것들이 그렇듯
생채기를 지닌 말조차 결국 흩어지고
언젠가는 입을 다물어야 할 때가 오겠지만
너의 말이 소낙비로 쏟아질 때
낯선 나라의 방언보다 지독했던 기억
빗물이 남긴 흔적처럼 남은 얼룩들
왜 말을 하다 마냐고 묻지 않기로 하자
귓가가 얼얼하게 장대처럼 퍼붓고도
유리창 가득 말줄임표를 그리는 빗줄기
마침표로 끝나는 저 말줄임표
도무지 어울리지 않는 모순의 찰떡궁합

엄마의 사랑법

그대 내게 쉴 수 있는
정자 하나 지어줄 수 없어
그 아래 흐르는 물이 되었습니까
내 마음 소용돌이치거나 떠다닐 때
고요히 흐르는 물결이 되어
앙금 가라앉히는 손길이 되었습니까
그대 내게 아름다운 꽃이 되어줄 수 없어
바람결에 묻어가는 향기가 되었습니까
설움을 알아버린 고달픈 세상
내가 뱉은 말과 내가 흘린 눈물을
당신 가슴에 꾹꾹 눌러
그 가슴 디디고 일어선 나
이제야 알았습니다
당신의 침묵이
내 눈물보다 진하다는 것을
나도 모르게
당신을 닮아간다는 것을

단짝

바다에게 하늘은 거울
바다가 웃으면 하늘도 이를 드러내고
방파제를 툭툭 걷어차며 시무룩한 바다를 보면
하늘도 금방 울상이 되고
볼수록 닮은
바다에게 하늘은 그림자
하늘이 바다에 기대면 바다는 하늘을 안고
하늘이 고개 저으면 바다가 끄덕이고
서로 깍지 끼고 사는
하늘과 바다는
눈빛만으로도 통하는 친구
하늘이 잠들면 바다도 숨죽이고
풀 죽은 하늘은 근심 어린 바다의 어두운 낯빛
누구네 별꽃이 먼저 피는지
누구네 섬돌에 손님 같은 이슬이 매달리는지
윗동네 아랫동네 할 것 없이
해가 뜨고 달이 지는 것까지
하늘과 바다 사이 흐르는 침묵은
말하지 않아도 다 안다는 뜻

그럴 줄 알았다는 무언의 대화
사귈수록 닮아가는 너와 나처럼
볼수록 참 좋은

태풍이 지나간 자리

해 질 녘 긴 그림자 하나 사라졌다
사람들은 말했다 태풍이 지나갔다고
머리를 깎고 단장하던
지난봄을 잊은 것처럼 별일 아니라는 듯

움켜쥔 마디마다 살갗이 헤지고 금이 간 뼈들
흔들릴 때마다 주저앉은 흙더미
땅속으로 뻗은 뿌리마저 기댈 곳이 사라졌을 때
나무는 가지를 향해 외쳤으리
두어 시간이면 지나간다고 잡은 팔을 놓지 말라고
잎들이 모두 떠나고
몇 남지 않은 가지들이 울먹이는 소리에도
칼처럼 스치며 살이 베어져도 손 놓지 못했으리
휘청거리는 머리를 바닥에 찧으면서
입술이 부르트고 쓰러지는 순간까지
비바람이 그치고 상처 입은 낙엽 옆에
나란히 누워 마지막 자장가를 불렀으리
냄새나는 은행나무로 살았으니
꿈속에서는 꽃이 되라고

소원처럼 좋은 향기가 나는
아주 오랫동안 긴 꿈을 꾸게 될 것이라고

짙어질 이파리도 기약할 가지도 없어
잘려나간 나무둥치
눈물 자국 선명한 나이테 따라 밤새 울던 빗물
가을날 해 질 무렵
묘비명 대신
길게 늘어지는 뿌리의 한숨 소리

새벽, 수산시장

가만있어도 비지땀이 배어나는 삼복더위에
늘어진 몸으로 수산시장에 갔다
선상 집어등 같은 불을 밝히고
밤을 낮 삼아 사는 곳
수족관마다 갓 잡아 올린 식은 비린내
잠시 마련된 거처에서 발이 묶인
바다가 집인 것들
어린 상어 한 마리 수조를 뛰어넘어보지만
바다는 멀기만 하다

등에 허연 소금기를 이끼처럼 끼고
매의 눈으로 미끼를 던지는 상인들
오가는 사람들은 그들이 쳐 놓은 덫에서
허우적거려 보지만
촘촘한 그물 앞에서 지느러미가 따끔거렸다
지폐 몇 장으로 흥정이 오고 가는 사이
헐떡이던 허파가 해감을 하는
새벽시장으로 가보자 거기,
푸른 바다의 예고편이 기다리고 있으니

낮잠

폭염 속 쏟아진 소나기
나는 한 그루 나무가 되네
미로의 성에 둘러싸인 가지들마다
무성한 이파리들
눅눅한 음기를 한바탕 씻어내니
새벽이슬처럼 투명한 낮빛
치맛단을 홀랑 뒤집는 개구쟁이 바람
사춘기 어린순은 눈을 가리고 깔깔거리네
며칠째 묵은 외로움 바람 끝에 매달리니
하늘이 한 걸음 물러서며 길을 터주네
잠의 흐름이 흩어지고, 꿈결처럼
발끝부터 정수리까지 물 흐르는 소리 들리네

오래된 친구

도토리묵 한 접시 콩국수 한 그릇 앞에 놓고 여름을 먹는다
여기저기 쑤시고 아픈 열매들
공기놀이하듯 들었다 놨다 시간 가는 줄 모르고
어렵게 집 한 칸 장만한 친구의 손등에 육십갑자가 얹힌다
우리보다 덩치 큰 자식들을 여전히 걱정하고
늙은 서방을 삼식이라 별명도 붙여가며
웃음꽃 이야기는 되돌이표
푹푹 찌는 삼복 소나기 지나가고
여름은 1단 2단 3단 선풍기 바람개비와 같이 돌아간다
정겨운 빗방울 소리 우리들 이야기에 묻혀 토닥토닥
낙엽만 봐도 웃음보 터지던 소녀들 있던 자리
짜고 달고 매운 삶의 식사가 이어진다
세월만큼 변해버린 겉모습에도
십 년 전이나 이십 년 전이나 빼다 박은 판박이 말투
십 년 후에도 이십 년 후에도 그 문양 어디 갈까
말없이 서서 어두운 곳을 밝히는 가로등 같은 친구도
아침에 우는 새처럼 지저귀는 친구도
같은 세월 앞에 서로에게 거울인 것을
뜨겁게 끓는 분화구 속 용암도 솟아올랐다가

서서히 식을 때 단단한 바위가 되고
끊임없이 장작을 태우지 않으면 꺼지고 마는 모닥불에게
적당한 땔감은 불씨를 지키는 파수꾼인 것을
기억에서 발을 헛디딘 암호 같은 단어에도
인연으로 엮어 온 수십 년 세월을 보란 듯
거시기 하면 저시기로 척척 통하는 사이
무지개 빛깔만큼이나 서로 다르지만
어느 하나 비우면 이 빠진 것처럼 빈자리 허전하다
무한리필 커피를 위해 수차례 물이 끓었다 졸아들고
각자의 자리로 돌아가는 길
가족들 끼니를 머릿속에 그리며 간다

사람의 깊이

강물이 아무리 깊다 한들
그 깊이를 못 잴 것 없다는데
도무지 알 수 없다는 사람의 깊이는
무엇으로 잴까
세상에서 제일 긴 자
제일 잘 보이는 현미경
다 소용없다지
좋은 말 몇 마디로
아는 것이 많다 하여 잴 수 없는
친구가 많아도
사람이 좋아도
스스로 알 수 없는 그 깊이
내가 아닌
남이 안다

홀로서기

제집을 벗어난 풀씨
막다른 곳에 터를 잡고
남들 다 꽃 피울 때까지
숨죽이고 있더니
바람 부는 어느 날
햇살 비추는 곳으로
성큼 키가 자랐다
건초 더미 속에
햇살보다 더 눈 부신 하얀 민들레
그때 알았네
바람은 막힌 곳을 지날 때
더 힘이 난다는 것을

장경리*

등 뒤로 밝아오는 아침 해를 만나
길게 드리운 그림자마저도
서서히 뜨거워지고 싶다면
장경리로 가 볼 일이다

바다와 갯벌이 사이좋게 자리를 양보하듯
모래밭과 조개무지가 반반쯤 터를 잡고
약속 없이도 하루에 두 번
밑 빠진 바다를 만날 수 있는
그곳에 가면
오래된 난롯가처럼 사그라지는
석양 앞에 서서
따끔하게 찔린 심장을
여운으로 만날 수도 있을 것이다

만약, 누구하고도 말하고 싶지 않은
그런 날이 있다면
하루 두 번 속내를 시원히 드러내고
심금을 울리는 음악처럼

호흡을 고르고 있는 그 작은 바다
장경리에 가 볼 일이다

*장경리: 인천 영흥도에 있는 작은 바다

당신, 별일 없습니까

사람과 사람 사이가 서먹해진 것처럼
한산한 우체국 앞을 지나올 때면
누군가의 안부가 궁금해집니다
돌고 도는 세상살이
다른 것은 그다지 서운할 것 없겠지만
이렇게 많은 사람들 중에
외로움을 나눌 사람 하나 없다는 것은
가슴을 싹싹 닦아도
서러운 일이 아닐 수 없다던 당신
서러운 계절일수록
눈에 보이는 모든 것에 취하지 않을 수 없고
그림자처럼 따라다니는 외로움이 부담스러워
마음에 물집이 잡혔다고 했던가요
만나지 못하는 순간에도 마음 안에 내 사람인 당신
혼자라는 생각이 들면
봄의 파편이 화살처럼 꽂혀
돌아앉은 계절에도 꽃 대궁을 밀어 올리고
수척해진 화초처럼
낙숫물 소리에도 숨 가쁜

한 사람이 있다는 걸 잊지 마세요
거리에 우체통은
뽀얀 먼지를 쓰고서도 아직,
내 심장처럼 빨갛게 서 있습니다

뜬소문

그것은 처음부터 문을 닫고 시작되었다
비밀이라는 말이 비밀스럽게 새어 나오긴 했어도
은밀하였고 목소리를 높이는 일도 없었다
가마솥처럼 부글부글 끓어오르다
한바탕 소나기가 되어 쏟아지기도 했으며
꽃길과 가시밭길을 가리지 않았다
무엇이 진실인지 아무도 알려 하지 않았고
쉬쉬하며 누구나 아는 비밀을 키워나갔다
거짓된 진실이 점점 진실이 되어
음지에서 양지로 걸음을 옮기는 동안
누구는 영웅이 되었고 누구는 모른 척 딴짓을 했다
눈치를 보다 돌부리에 걸리기도 하였다
홀씨처럼 부푼 말들이
더 이상 비밀이 비밀일 수 없을 때
매의 눈을 한 사람들은
아무 일 없었다는 듯 무기력증에 빠져들었다

첫사랑

호기심 가득했던 우리의 만남처럼
눈이 내립니다
어지럽게 날리는 눈송이에 짧은 감탄사만 반복하다
겨우 몇 마디 떠올린 말이 목젖에 걸려
내리는 눈보다 더 하얗게 변해가던 머릿속
뜨거운 커피잔을 어색하게 만지작거리다
커피보다 가슴이 더 뜨거워지던,
습관처럼 몸살을 앓는
한 해에 그늘이 질 무렵
차곡차곡 쌓인 이야기 나도 몰래 펼쳐지면
내 눈에 소복소복 눈이 내립니다
내리면서 녹아버린 그 날 첫눈처럼

같이, 라는 말

물이 길을 만나면 물길이 되고
바람에 길이 들면
북풍이 되고 서풍이 된다
웃음의 크기도 눈물의 깊이도
서로 다른 뿌리만큼 제각각인 우리들
수평을 맞추기 위해
아래로 흐르는 물을 보라
낮추고 낮추어
기어이 바다가 되는,
물처럼 바람처럼 함께여야만
닿을 수 있는

관심

밤하늘을 보다가 알았어요
별들도 숨을 줄 안다는 걸
눈여겨 봐주지 않으면
꼭꼭 숨어서
나오지 않는다는 걸
햇살의 등만 바라보는
낮달에게 까만 밤은
그저 어둠이 아니라는 걸
어둠도 빛이 될 수 있다는 걸

눈물

달고

씁쓸하고

짭짤한

세상에서 가장 진실한

샘에

마르지 않는

물

네 잎 클로버

할머니 한 분이 서성거려요
반쯤 접힌 허리를 한 번씩 끌어올렸다가
다시 바닥에 얼굴이 닿도록 나를 찾아요
할머니 발자국에 꾹 눌릴 때마다
할머니처럼 우리도 허리가 꺾이지만
괜찮아요 다시 일어설 수 있거든요
듣기는 거북하지만 그래서 잡초라 하는가 봐요
토끼풀이라고도 하는데 토끼가 우리를 찾아온 적은 없어요
우리가 토끼를 기다린 적도 물론 없고요
세쌍둥이 나라에 네쌍둥이인 나는
눈을 뜬 순간 행복한 여왕이 될 뻔했지만
사춘기 탓에 외로운 행운아가 되기로 했죠
덕분에 외톨이가 되었네요 저 할머니처럼요
얄미운 바람이 나를 툭툭 치네요
내가 소리쳐도 할머니 손길이 비껴가요
할머니는 무슨 행운을 바라는 걸까요?
궁금해서 자꾸만 고개가 갸우뚱해져요

물 흐르듯 흐른다는 것

물에도 경계가 있어
남한강 물 북한강 물 서로 만날 때
조금은 어색하게 겉도는 것은 아닐까
때로는 내 집에서도 낯익은 낯섦이 느껴지는 것처럼

나란히 가야 하는 운명일 수도 있지만
조금씩 비켜서서 양보하는 것은 아닐까
앞서거니 뒤서거니 뒤척이듯 다독이며
너는 맑네 너는 깊네 서로 알아주려 애쓰는 것은 아닐까
땟국 흐르는 물줄기까지 부둥켜안고 한 몸이 되었을 때
네 가지 내 가지 따지지 않고 유유히 흐르는 것은 아닐까
물 흐르듯 흐른다는 말속에는
알게 모르게 소용돌이치던 과거가 숱하게 숨겨진 것은 아닐까

아! 인생

한 번뿐이라고 했다
연습이 없는 것이라고도 했다
그러니 어쩌란 것인가
세상에 좋은 말들과
좋은 글들은
반듯한 길을 알려주지만
둥근지 네모난지 알 수 없는 인생
밝은 햇살과 투명한 바람도 겉돌 때 있고
증발해도 증발해도 허공에서 직립하는 헛된 꿈
언제쯤이면 정지선에 서게 될 것인가
푸른 근육과 팽팽한 힘줄은
미리 마셔버린 빈 잔인데
진정 어쩌란 말이냐
생의 절정에도
핏발 선 눈길로 바라보는
측은한 노을이 저기 있는데

고향

점선과 실선을 넘나들며 가끔은 경고음을 듣기도 하였다
투명한 유리문 앞에서도 벽을 만나 스스로 머리를 부딪고 말던
독수리의 눈빛이 선무당보다 못한 날도 있었다
수없이 얽힌 레일은
교각과 교각 사이 짙어지는 안개처럼 자욱하고
잠깐 한눈을 파는 순간에도 벼랑은 수천수만 리
바람 부는 날 연기처럼 흩어진 길에
직진이거나 우회하거나
헛발을 디디고 내가 빠진 웅덩이를 걷어차던 그 발로
뿌리가 멍들기도 하였을 때
농로 옆 기울어진 전봇대처럼 갸우뚱한 얼굴로
먼지 나는 신작로를 향해 눈을 깜빡거리는 입이 마른 어머니
복받쳐 오르는 것들 목울대가 뻐근해지도록 혼자 삼키면
-하이패스 라인에서도 속도를 늦추지 않으면 곤란하잖니-

광활한 바다에 기름띠로 겉돌다
부직포 같은 가슴으로 감싸 안은
검은 엄마의 가슴에서 불씨 하나 얻어 간다

2장

밥 한번 먹자

훈장

빨랫감을 들추자 오른쪽 어깨마다 열꽃처럼 핀 보푸라기
잠결에 앓던 소리가 저릿하게 전해진다
하고 싶은 것이 많았을 것이다 누구나 꿈이란 게 있으니
남루한 보풀로 남은 그의 묻힌 꿈이 양털처럼 부풀어
무디게 지나갔던 세월을 돌려세운다
밥을 먹다가도 운전을 하다가도 툭툭 어깨를 치던 모습
외면하고 지나간 시간이 한꺼번에 밀려오고
별거 아니야 신경 쓰지 마
못생긴 상처에 가시를 찔러대던 지난날이 물집으로 잡힌다
괜찮지 않았다고 많이 아팠다고
삼키고 삼킨 말들이 무한 재생되어
습관적으로 올라간 팔이 비비고 문대고 누른 자리
슬그머니 나의 왼손을 그의 오른쪽 어깨에 준다
나쁜 말은 넘치게 듣고 좋은 말은 혼자 삭이던
나도 모르게 자꾸 눈이 가는 당신의 어깨
세상에 자식 되고 아비 되어 받은
까끌까끌한 흔적

베이비 붐

노부부가 사는 앞집 마당에 얼어붙은 감나무
태풍에도 끈질기게 매달리더니 아직도 주렁주렁
수족은 이미 지고 뿌리 하나로 선 채 된서리 맞았다
숯검정 같은 나뭇가지
씨 뿌리고 풀 뽑고 거름 주는 일이 전부여서
거센 비바람에 낯 붉혀가며 금송아지 대하듯 가슴 졸인 날들
등 기대고 서성이는 햇살밖에 오는 이도 없는데
자식 농사 최고인 줄 알아 가지 휘는 줄도 몰랐다는 넋두리
떨어질 때를 놓쳐버린 열매들 삭은 젖가슴을 더듬을 때마다
움찔움찔 마른 젖이 돌아 내칠 기운도 없는지
종일 단물만 쪼고 달아나는 새들도 마다하지 않고
드문드문 검버섯 핀 흙 마당에
빈 빨랫줄만 긴장을 푼 채 늘어져 있다

죽녹원[*]에서

겨울 초입 인적 뜸한 대나무 숲
대나무 마디마다 긁어 쓴 사랑의 흔적
후벼 파도록 간절했을 이름과 이름 사이
낙서 금지 표지판
해독하기 어려운 눈먼 영혼들의 의식처럼
금기를 깨면서 시작되는 사랑
우리도 해볼까?
장난 어린 표정에
어색한 듯 앞서가는 모습
겹겹으로 감싼 몸 아무리 단단해도
빈속을 보여주기 싫어 부러지지도 못하는
내 사랑은
금기를 지키는 것으로 더 깊어진다

[*]죽녹원: 담양에 있는 대나무 숲

뚝

흩어졌던 구름이 험상궂게 모여들고
후둑후둑 며칠째 비 소식이면
유리창 너머 하늘이 원망스러운 사람들
하루 벌어 하루 먹는 김 씨 이 씨 박 씨들
뙤약볕 내리고 숨이 턱에 고여도
뱉어내는 푸념이 호강이란 걸
사나흘 빗방울에 숨이 죽어
남들 다 끊은 담배에 불을 붙인다
어린것들 자라면 근심 덜 줄 알았는데
나이만큼 덤으로 얹히는 근심
가문도 가족도 내세울 뼈대도 없어
넘나드는 공사판에 염치는 불구다
될 대로 돼라 큰소리도 쳐보지만
빗물에 잠긴 무심한 하늘에
공치는 하루가 한숨으로 엉킨다
배부른 사치보다 간절한 마음
이놈의 하늘아 그만 뚝 그치고
제발 오늘만 비

동안거

11월 끝물에 비가 내린다
밤낮없이 화사한 꽃잎으로
낮달의 부지런함을 비웃던
마당 한 편 물봉선화
분홍빛 시간을 떨구며
찬비를 성수처럼 받는다
고운 햇살과 깃털 같은 바람
아쉬울 게 없는 세월 앞에서는
게으름이 먼저였다
웃음꽃 핀 아흔아홉 날보다
뼈저리게 후벼 파던 단 하루의 아픈 날
시장기마저 잃어버린 언덕에서
무릎을 곧추세운 것은 빡빡한 삶이었으니

힘을 다해 매달린 감나무 열매
마른 이파리 몇 잎 같이 젖어
붉은 것은 붉은 것들끼리 힘이 되고
빛바랜 첫 마음에 희망이라는 젖줄로
언 땅에 내리는 빗줄기

주춤했던 호흡 길게 가다듬고
다시 시작이다

수장

산 아래 마을이 있었다
그 해 농사 한숨으로 갈음하고
뿔뿔이 흩어진 사람들의 고향
아름드리나무들이 잘려 나갔고
아이들 뛰놀던 운동장이 사라졌다
기적 소리 울리던 새벽 기차는
기별 없이 이별을 하고
코스모스 한들대던 신작로도
가지런히 신발을 올려놓던 댓돌도
물속에 잠긴 유물이 되었다
고향을 잃어버린 사람들은
나고 자란 집이 어디쯤인지
치매 걸린 사람처럼
물가를 두리번거리며 헤매기도 했다

푸른 육체로 잔잔한 물은
마을 사람들의
추억으로 흐르고
반겨줄 고향은

고요히 흐르는 물 위

윤슬이 되어 반짝거린다

거북선

거북선 한 갑이면 이틀을 사셨던 아버지
한 개비 한 번에 다 피우지 않으셨다
주머니마다 불씨의 흔적
어머니 잔소리 분화구처럼 터지고
거북선 은박지는 한 마리 학이 되었다

치매 걸린 할머니 세상을 떠나시고
꽁초로 수북한 재떨이
슬픔도 기쁨도 연기처럼 흩어지고
한 줌도 안 되는 재가
손에 배인 니코틴처럼 맵고 아렸다
종이학이 자꾸만 새끼를 쳤다

계절은 내 눈높이를 한 뼘쯤 올려놓았고
눈발이 먼지처럼 흩날리던 날
아버지의 불꽃은 바람 앞에 누웠다
먹지가 된 가슴을 쥐어뜯던 어머니
그날 밤 꿈에 웅크리고 있던 학들이 은빛 날개를 펼쳤다
가슴에 화상을 입은 아버지를 태우고

새만금

어깨 넘어 들려오는 파도 소리
흙더미에 잠재우고
고라니 뛰노는 청보리밭
바람이 거침없다
육신의 살점은 역사가 되고
숨은 이야기로 남을 조개껍데기
밀물도 썰물도 사라진 터에
다시 바람이 불고
누군가는 뿌리를 내린다
물이 생명이듯
땅이 생명이라는 것을
물과 땅이 한 몸이라는 것을
물 위에 일군 화전
새만금에서 본다

견인

물고기 한 마리 끌려간다
바늘에 온몸을 지탱한 채
깨지고 구겨지고 찢어진 몸
덜컥, 둔덕을 지날 때
비늘 몇 개가 떨어져 나갔다
싱싱한 지느러미로 물살을 가를 땐
부레처럼 둥실 부풀었던 꿈
더러 먹이를 놓치고
물배를 채울 때도 있었지만
수초 사이를 비집으며
거센 풍랑에 맞서기를 수차례
물 밖을 벗어난 물고기 한 마리
살얼음 위로
뒤꿈치를 질질 끌며 간다
접힌 꿈이
석양빛 아래
마른 비늘로 지고 있다

말복

결승점을 향해 남은 힘을 다하는
마라토너의 마지막 질주처럼
폭염이 지나가고
인중까지 물오른 월미도에서
김이 풀풀 오른 사람들의
물컹한 사랑 타령을 귀동냥으로 들었다
유래 없는 더위가 호령을 하고
참방참방 바닷물 고랑 사이로
오르락내리락 춤을 추는 햇살에
기다렸다는 듯 솟구치는 분수
광장에는 어른 아이 할 것 없이 숭어뜀을 하고
부풀어 오른 권태가 소나기처럼 지나갔다
뜨겁게 스친 인연인 듯
폭염으로 겹겹인 울타리도 생의 한 갈피던가
설익은 눈썹미로 기억할
불면의 밤을 선물한 어느 해 여름

몽돌

저 잘난 맛에 사는 것도
맞장구칠 거울이 있어야 하는 법
사는 일이 다 부딪히며 사는 것이다
팍팍한 삶이 두리뭉실해질 때까지
눈길 부딪히며 걸어 준 길동무들
모난 살 깎이는 동안 혼자가 아니다
땅도 물도 섞이면서 굴러가고
구르는 것은 알고 보면
모서리마다 굳은살 박여있다
혼자가 아닌
누군가의 어깨를 빌렸던 흔적

몽돌 2

강물처럼 흘러가는 그대에게
작은 돌멩이 하나 던졌을 뿐인데
내 가슴이 철렁합니다
같이 흐르지 못하고 주저앉은 위에
눈치도 채지 못하는 그대
쉬지 않고 흐르는 그대 곁에 닳고 닳아
얼음장 아래서도 열꽃이 피고
느린 걸음에도 멀미가 났습니다
돌아보지 못하는 그대에게
푸른 소용돌이가 일어 잠시
쉬어가는 발아래 돌멩이 하나
어디서 본 듯 낯설지 않다면
내 가슴에 남겨진 깊은 주름이
그대를 닮았기 때문입니다

투명한 집

나무와 나무 사이
집 한 채
주인 혼자 뒹굴고 있다
해먹에 배 깔고 침 흘리더니
가끔 암벽등반도 한다
남들처럼 높은 담장도 없고
그럴듯한 기와 한 장도 올리지 못한
바람막이 하나 없는 집
비가 오면 오는 대로 바람이 불면 부는 대로
감출 것 없으니 가릴 것도 없다는 듯
구멍 숭숭 뚫린 벽 한가운데
잘 마른 피륙 하나 걸어놓고
볼록한 배를 보란 듯이 내밀며
외풍도 지붕 샐 걱정도 없이
거미가 사는 그 집에
방 한 칸 들이고 싶다

접시가 사라졌다

접시 하나가 사라졌다
반나절 동안 주방을 샅샅이 뒤져도 없다
아흔아홉 칸 솟을대문 집도 아닌 손바닥만 한 곳에서
바늘귀도 아니고 귀신처럼 사라졌다
껍질이 까맣게 탄 고등어구이도 뒷면으로 넌지시 눈감아
주고
보잘것없는 식탁에도 손님상처럼 몸값을 하던 접시
책을 읽다가도 장 보러 나갔다가도 머릿속에 남겨진 숙제
처음부터 없었던 것은 아닐까 미궁에 빠져들기까지
제 임무를 한순간에 잃어버린 접시는 어디서 길을 잃었나
어둠 속 쌓인 먼지를 뒤집어쓰고 튀어나온 동전을 선물하고
어느 후미진 곳에 모로 누워 깜깜한 절벽을 앓고 있나
내 귀에만 들리는 신음 소리
눈길 손길 닿기 전까지 금지된 비밀의 숲
미로가 끝나는 그곳
초상화 한 점 잠들어 있다

상사相思

목이 긴 원목 경대를 앞에 놓고
거울 속 스케치에 채색을 시작합니다
겨울비 하룻밤 애무로 살갗을 드러낸
빛깔 싱싱한 하늘을 배경으로 넣고
화폭 구석구석
잘 풀어진 햇살을 듬뿍 뿌렸습니다
나이테가 새겨진 테이블 위에
당신 미소를 슬쩍 훔친
애틋한 시간을 비밀처럼 넣고
김이 모락모락 피는 찻잔
낯익은 길에서 길을 헤매다
화폭 속 점 하나로 찍혀있는 당신 때문에
심장이 멎는 줄 알았습니다
붉어진 얼굴을 몰래 감추고
유행가 가사처럼 아무렇지 않은 척
당신 이름을 허밍으로 부르다가
제 숨소리에 놀란 가슴
서둘러 채색을 마치고 낙관을 찍었습니다
하지만

나는 아직도 흑백 스케치로 남아있습니다

당신이 필요합니다

소금

아무도 작은 알갱이 속에
들어 있는 사연을 묻지 않았지만
백지로 말을 하는
슬프지만 아름다운 꽃이 피었습니다

둥근 엄마의 자궁을 나온 뒤 외로움을 알았죠
바다에서 고립될 줄 몰랐으니까
아무리 달려도 사각의 틀을 벗어날 수 없었기에
물장구치던 시절은 추억이 되었죠
엄마가 보고 싶을 때면 별보다 더 많이 울었는데
조석으로 만나던 칠면초도 먼발치에서 눈시울을 붉혔죠
비가 오는 날이면 함수 창고에서 몸을 움츠린 채
푸른 젖꼭지를 빠는 꿈에서 깨곤 했죠
눈물이 마를 새도 없이 햇살이 지나는 길목에서 팔을 뻗었어요
다리 사이로 지나가는 바람에 엄마의 냄새가 스쳐 갔지요
서걱거리는 몸으로 몇 번의 이사를 하고
발바닥에 굳은살이 박인 뒤 가슬가슬한 신발을 가졌어요
하얀 알갱이들이 비린내를 털어내고

낯선 모서리가 생길 때마다
물끄러미 바라보던 하늘을 잊지 못해요
엄마의 눈빛을 닮았거든요
땀방울 맺힌 염부 아저씨가 새집을 주었지만
고향을 잊을 수는 없어요
엄마도 나도 서로 알아볼 수 없다고
바다의 기억이 지워지는 것은 아니니까요
언젠가는 누군가의 땀이 되어 돌아갈게요
잊지 말아요 엄마

빗방울의 눈

빗방울은 눈이 없다
빛이 없는 틈 사이 눈물만 가지고 온다
눈이 없는 빗방울은 가리는 것도 없다
저를 싫어하든 좋아하든 상관없이
대숲에도 묵정밭에도 심지어 허공에도 내린다
한 때 빛나는 햇살과 무지개를 타고 다닌 적도 있었지만
맑은 눈물만 가졌다고 무거운 가슴 없는 것은 아니다
누구나 상처 하나쯤 가지고 사는 것
퇴화해버린 빗방울의 눈은
제 넘어진 자리 다시 넘어지며 엎드려 운다
어차피 길은 하나 정지선도 등대도 바닥이 끝인 것을
눈 대신 짓무른 가슴이 사선으로 삿대질하는 날이면
바람도 같이 노를 저었다
우르릉 쾅 목청을 세우다가 살살 까치발을 딛다가
흔적 없이 다녀간 그 뒷날은 온 가족이 손잡고 왔다
잃어버린 빗방울 눈의 역사는 기록에도 없다
갈가리 찢고 억지로 지워버린 기억 때문에
오늘도 잃어버린 눈을 찾아 밤길을 헤매는 소리
나의 창을 두드린다

내 지나간 사랑의 잃어버린 눈과 그 여린 촉수가 맞닿아
별들마저 잠든 밤 숨구멍 사이사이 파문이 인다

가로등

한때 태양의 빛을 동경한 적 있었으나
어둠과 대립하며 늘 밝음 편에 서서
젊거나 늙거나 가진 자나 잃은 자나 구분하지 않았던
가로등 하나 묵언 수행 중이다
언제가 안구에 낀 티끌이 문제가 되었던 것일까
빗물에 씻어도 바람에 닦아도 뿌옇게 흐려지던 시야
뻑뻑한 눈을 비벼볼수록 깜빡거리는 횟수가 늘어갔다
남들 퇴근할 때 출근하고
남들 출근할 때 퇴근하고
평생 한자리를 지키며 누군가의 길눈이 되어주는 동안
하루살이 시체들로 가득한 빛바랜 유리 집
더러 어둠을 틈타 아쉬움의 키스를 나누는 연인도 있긴 하지만
어젯밤엔 지나가던 수험생이 돌부리에 걸려 무릎이 깨지고
밤길에 겁먹은 아가씨는 뛰어가다가 구두 굽이 부러지기도 했다
무더위에 지친 건너편 자귀나무는
가로등 하나쯤 눈을 감아도 상관없다는 듯
어둠 속에서도 제 잎을 가지런히 잠재우는데

구름 사이로 나온 달빛
고개 숙인 가로등을 살갑게 쓰다듬는다

웃음꽃

한강공원 늦은 오후
삼삼오오 모여
방금 끓인 라면만큼
뜨거운 말 꽃이 핀다
하루가 한 달 같거나
한 달이 하루 같거나
끝날 줄 모르는 이야기
강줄기에 떨어진 노을이
모른 척 몸을 뒤척이고
하하 호호
웃음을 주전부리 삼아
마음에 살이 찐다
마음에 꽃이 핀다

윤회

꽃이 피고 꽃이 지는 것을 눈여겨보신 적 있나요
꽃이 꽃이라 불리는 순간 무거운 침묵을 깨고
아침부터 저녁까지 그리고 잠들지 못한 시간에도
바람에 실어 보내는 향기는
지고 나면 다시 피는 일만큼 지루한 복습이지만
언젠가는 전해져야 할 발 없는 말이라는 것을 아시나요
한 방울 물이었다가, 한 자락 바람이었다가
다시 떠날 때 그 자리
찰랑거리는 햇살이 더러 길을 잃어도
손바닥만 한 공간에 외로움이 깃들어도
옷섶을 여미는 낯선 바람에
수척한 몸으로 물구나무를 서더라도
생의 종지부 한 잎 이파리로 찍으려 드는 것은
먼 훗날 다시 꽃이고 싶은 까닭입니다

할례

- 가지치기 -

내 가지를 잘랐군요
겨우 한두 마디 자란 몸인데
어른이 되어야 한다고
한마디 상의도 없이

온몸에 핏대를 세우며
고개를 쳐드는 법을 배웠지요
잘려 나간 가지에
가위눌리는 고통을 아는 이 없으니

눈물이 말라붙어
껍질은 단단해지는데
어른이 되려면 아직 멀었나 봐요
밤마다 어디선가 톱질 소리가 들려요

순전히 거짓말

괜찮아, 하고 돌아서면
정말 괜찮을 줄 알았는데
된서리 내린 새벽
맨발에 닿던 찬 기운이
가슴에 와닿는 것 같았어
목구멍에선
쓸개즙 같은 신물이 올라오고
바람에 못 이겨 우는 문풍지처럼
떨리던 목젖
독한 술 두어 병을
통째 들이킨 것 같은 낯빛에
혹시 누가 볼까
밖으로 내보내지 못하는 눈물이
코끝에서 매운 독감처럼 쿨럭여
고개를 들지 못하겠는데
너 어째서 괜찮다 그랬니
너 어째서 그런 거짓말을 참말처럼 한 거니
괜찮다는,
순전히 거짓말인 그 말을……

만학晩學

아버지 먼 길 가시고 그 이듬해
은행잎 갈색으로 변해갈 무렵
밤손님처럼 글을 배우시던 엄마
여자가 글 배우면 팔자가 세다던
외할아버지 말씀에
나설 수 있는 것은 고작 마음뿐
당신 안에 고여 있는 물은
몸서리를 치면서 울었다더라
삭풍이 몰아치던 날
서까래 밑에서부터 울리던 소리
배움에 나이가 뭔 말
환갑 지나 연필 자루 꼭 쥔 손에서
단내가 나도록 쓰고 또 쓰고
은행나무 새순 돋을 무렵
뻘밭에서 기어 나온
어린 게의 걸음 같은 글자들
닳고 닳은 연필심
혼자 익은 열매가 얼마나 단지
훗날 아버지 만나 자랑할 생각에

우리 엄마

손에 쥔 연필을 놓지 못하네

밥 한번 먹자

밥심으로 산다는 어른들 말씀
빈속만 채우는 것인 줄 여겨 귀담지 않았는데
밥에도 심지가 들어있음을 안다
한 톨 한 톨
서 있기도 하고 모로 누워있기도 하지만
위아래 구분 없이 사이좋은 한 공기의 밥
된장찌개 한 그릇에도 김치 한 조각에도
허기졌던 근육을 팽팽하게 당기고
등줄기를 곧추세우는 본능
한 공기의 밥에는
내일이 있고 따뜻한 풍경이 있다
빵 한 조각
고기 한 점으로 대신할 수 없는
밥은 먹었니?
밥 한번 먹자
그 말속에는 우리를 연결하는
끈끈한 심지가 뿌리 깊게 들어있다

원목 의자

물오른 시절 봄날의 반짝이는 잎새처럼
반질반질한 나의 가슴에는
어미의 삶을 닮은 손금이 낙인처럼 찍혀있다
본디 어디서 나고 왔는지 물도 바람도 아득하지만
누군가의 등이 되고 발이 되는 정도면 무얼 따질 것인가
오래전 그늘이 되라는 운명을 타고났기에
이미 식은 혈관에도 뜨거운 김이 오르내리고
그럴 때면 오른쪽 앞다리가 한 번씩 삐걱거렸다
많기도 하던 꿈들이 가지 채 잘려 나간 몰골이지만
외다리로 태어나 다리 넷을 건진
곱빼기로 사는 생
누군가의 체온으로 또 하루를 산다

청춘을 깎아 뼈대를 이룬
나의 가슴에 몸을 기댄 자여
살얼음 낀 정수리가 뜨끈해지지 않는가……

비둘기들은 어디로 갔을까

서울역에 갈 때에는 마른과자 한 봉지를 들고 갔다
유적遺跡 같은 역사驛舍가 영화처럼 서 있는 광장에서
부스럭거리는 소리로 과자 봉지를 뜯으면
여행에서 돌아온 한 떼의 비둘기 무리 날갯짓에
검은 역사 지붕 위 앉았던 나른한 유적들이
기적 소리처럼 깨어나던 때 있었으니

21세기의 사람들은 적멸 같은 역사를
투명한 막으로 튼튼하게 세웠다
미처 일어서지 못한 유적을 발아래 밀랍 시키고
얼음처럼 슬픈 제단이 필요했는지도 몰랐다
땅속에서 제단으로 오르는 계단
여울목처럼 분주한 사람들
알 수 없는 향내가 파수꾼의 눈처럼 떠다니곤 했다

깨진 소주병 파편
검정 고무신 한 짝을 머리에 베고
이제 구걸마저 포기한
제 색을 구분하기 어려운 옷차림들

가슴이 비대한 단발머리의 여자
눈물 같은 계집아이 하나 끼고
알 수 없는 문자를 욕설처럼 뱉어내면
사라지는 기적소리
낡은 유물처럼 남겨진 사람들

더 이상
마른과자를 사지 않아도 될
어둠마저 봉인된 광장
이제 그곳에 가도 비둘기들은 없다

계영배戒盈杯

저 그릇은 얼마나 크기에
출렁이고 출렁여도 넘치지 않는 것일까
보이지 않는 바닥에 무엇이 들었기에
쉴 새 없이 뒤척이는 것일까
낮이나 밤이나 물 짐을 진 푸른 어깨
넘치지도 모자라지도 않는 모습 예사롭지 않다
채우는 것보다 비우는 것이 어려워
출렁거릴 때마다 젖혀지는 목울대
한걸음 빠르게 달려와 뒤척이는 파도를
토닥토닥 다독이며 잠재우는
수평선 찰랑찰랑 머금은 바다의 잔

틈

세상에 움직이는 것들은 모두
틈이 있기에 태어났다
단단한 겨울 땅에도
벼랑 끝에 풀꽃 하나도
바람이 지나든
눈길이 지나든
빈틈없는 척하지만
누군가는 틈을 내야 하는 일
너와 나 사이
멀지도 가깝지도 않은
틈 하나 있었으면
느슨하다 싶으면 당겨지고
당겨졌다 싶으면 느슨해지는,
틈을 내는 일도
틈을 막는 일도
흐르는 물처럼 당연했으면

무인無人

생각해보면
사람 안에 사람이 없을 때 있지
사람 안에 다른 어떤 것이 있거나
사람이 없기를 바랄 때도 있지
사람 속에 사람이 없다는 건
밥상 위에
김치나 국이 없는 것과는 다른 말이지
사람의 생각과 사람의 마음이
길을 잃으면
끓는 심장마저 쭈뼛거리고
얼음장보다 차가운 말뚝이
고드름처럼 늘어나는데
눈을 감아도
눈을 떠도
들어붓는 햇살이 없을지라도
사람 속에는
사람이 들어있어야 한다

보이지 않는 길

백사장에 무수히 많은 발자국
어디에서 와서 어디로 가는 길인가
비밀스럽게 감춰진 누군가의 첫발 위에
쌓이고 쌓인 걸음, 걸음들
내 발길이 닿자
상형문자 같은 모랫길
누운 채 등을 뒤집는다
보이지 않는다고 길이 없는 것은 아니다
처음부터 길이었던 길 없으니
길 아닌 길도 없다
어쩌면 길은
보이지 않을 때
가장 너른 길을 내어 줄 수도 있다

주상절리

기억도 없는 오래전
펄펄 끓어오르던 마음 온통 붉었을 적에
스스로 타들어가던 애간장
마음을 열어 보이는 게
제 속을 들여다보듯 만만치 않아
싸늘한 물속에 봉인된 입을 박제시키고
깊은 잠에 빠져든 수렁의 날들
신열의 깊이만큼 재활의 시간이 길어
물속 깊은 마음에도 세월의 두께가 쌓였다
역사와 전설이 돌고 도는 동안 가라앉은 앙금이
날 서고 각진 귀퉁이부터 옥빛으로 풀리고
뜨거웠던 만큼 단단한 신화가 되니
몇 억 년 전 푸르름 짙었을 그 자리
터를 잡은 물풀마저 예사롭지 않다

황태

삶은 그런 것이지

부릅뜬 눈에 눈이 내리고
질긴 칼바람에
겉껍질이 트고 또 트고
할 말 못 할 말 꾹꾹 삼키며
모질게 서서
꾸덕꾸덕 말라가는
저 황태처럼

그러면서
진한 국물 맛 좀 볼래?
벼르기도 하는

해전海田

올 농사는 영 재미가 없소
명태가 집 나가 돌아오지 않았을 때
애초에 알아봤어야 하는데
피 농사도 농사라고 도루묵만 알을 쳤다오
내 다른 건 몰라도 타고난 농부였는데
장안에서 나만 한 농사꾼이 어디 있겠소
내 살붙이 파도만 해도
김을 매느라 호미질을 얼마나 했는지
입술이 허옇게 부르텄으니
저 속인들 편하겠소
지난해 오징어는 아예 씨가 말라
곳간이 텅 비었소
곳간에서 인심 난다 했거늘
이러다간 보따리를 싸야 할 판이오
물 마르지 않는 곡창지대에 허락도 없이
저희들끼리 경계선을 긋고 난리들이니
맘 편히 농사나 지을 수 있을지
내 평생 유기농으로 농사를 지었는데
인간들이 버리는 쓰레기는 정말 기가 막히오

이런 꼴을 보려고 밭을 갈았는지
농사 잘 지어놓고 철마다 해마다
동해 남해 대서양 태평양
여행 다니는 낙으로 살았는데
요즘은 가는 곳마다
근심이 방파제를 넘는다오
언제나처럼 풍년이 들길 기다리지만
이제 나도 지쳤는가 보오
오늘은 뱃머리를 손보고 있는 중이오
마음이 심란해서 낙도에 요양이라도 떠나야겠소

덕담

하기 쉬운 말이
듣기 편한 말이 아닌 것을요
웃고 있지만
웃는 게 아닐 때도 더러 있지요
이런 내 마음 내가 모를 때 많은데
남의 마음을 어찌 알까요
하늘에 별을
너도 보고 나도 보듯이
눈부시게 밝은 해를
너도 품고 나도 품듯이
서로서로 마음에 등불 활짝 켜면
낡고 오래된 혈관에도 송유관처럼
흐르는 숨소리 들리지 않을까요
평생이라 해봤자
잠시 쉬어가는 길목인데
나를 남처럼
남을 나처럼
우리
그렇게 살면 좋지 않을까요?

3장

잘 익는다는 것

겨울비

한겨울에 내리는 비는
눈물이라도 지어야 하는 칠월칠석 빗방울과는 달라
투덜거리는 사람들 사이 푸대접이 가득하다
꽃으로 와서 초록으로 낭창거릴 때에도
때와 장소를 가릴 줄 몰라서
가뭄에 내린 단비처럼 무조건 좋은 줄만 알아서
창백한 낯으로 돌아설 때도
맑은 눈빛으로 가득한데
수의처럼 싸늘한 흰옷을 걸쳐도
그대 체온이 차다는 말을 어떻게 믿나
꼬박 하루를 두둑 툭,
훈훈한 바람결에 찔끔거리는
담장 넘어 들리는 목소리
잘하고 싶었는데
잘못한 것이 되어버린
어느 해 소한 절기

세밑 초승달

지는 해를 배웅하고 돌아오는 길
하늘에 빈 그릇 하나
비웠다 말만 하면서 씨간장 챙기듯 끌어안은 욕심
부끄러움도 모르고 들켜버린 속내를
장독 훔치듯 닦아주며 환하게 따라온다
바닥이 낮을수록 물길은 깊어지고
깊은 것일수록 심지가 곧아
피부 깊숙이 드러난 살결도 저리 밝은 것인지
냉수 한 잔도 담기 힘든 나의 잔
감추고 가려도 차고 넘쳐
그닐대는* 입술이 출렁거리는데
알고 있다는 듯 눈을 지그시 감고
다투어 빛나는 별들 사이
싱싱한 여백으로 가득한 저 빈 그릇

*그닐대는: 살갗이 근지럽고 저린 느낌이 나다

흰 눈이 아름다운 이유

마음 허전하여 친구들과 한바탕 웃고 들어오니
더 짙어진 그늘
온몸에서 빠져나간 웃음 자리 채울 수 없어
펑펑 울었다
웃어도 웃어도 채워지지 않던 허전함
마지막 알갱이로 남을 때까지
말리고 게워내야 소금이 되듯
생이란 비워야 채워지는 것
물로 만들어진 것들의 행복은
더 이상의 무게를 만들지 않는 것
모조품 같은 웃음의 옷섶을 단단히 여미고
가벼운 몸으로 다시 돌아가는 생
가두어서 알 수 없는 것이 아니라
비워내서 투명한 저 생
세상을 다 덮을 듯이 허공에 하얀 웃음을 짓는다
녹고 녹아 속이 훤하도록 비워내려고
펑펑 쏟아져 내린다

여우비

깜박 잠든 엄마 몰래
장독에 든 빗물
할머니 눈빛은 죽비처럼 따갑고
장맛보다 짭짤하게 졸아든 가슴
원망스레 하늘을 올려다보니
새침하게 웃고 있는
푸른 눈동자

마지막 단풍

남들이 훑고 떠난 냉기 어린 숲에서
남들 눈 밖으로 멀어진 늙은 가을을 만났다
푸름도 붉음도 사그라진
옷 벗은 가지마다 헤집는 소슬바람
모질게 남았는지 가엾게 뒤쳐졌는지
알짜배기와 쭉정이 사이
잡을 것인지 놓을 것인지
끊임없는 갈등
마지막까지 불꽃처럼 피어
이것도 인연이니 쉬어가라 잡는데
바람은 씩씩하였고
등잔 밑처럼 어둠이 깔리고 있었다

억새꽃

통화 중이거나 부재중이거나
수신 거부의 시간을 지나면서
목을 길게 빼는 습관이 생긴
세상의 어미들이
작은 기척에도 몸을 뒤척인다
아무것도 가진 것이 없어서
더 이상 줄 것이 없어서
시린 뼈마디 꽃인 양 피어
빈 대궁으로 휘청거린다
누군가가 꽃이라 불러주니
한 몸 온전히 마른 향기로 피어
혹여 돌아볼 이 있을까
행복한 착각으로 잠들기를
별이 쏟아지는 시간의 길
달의 체온이 그윽하다

겨울 엽서

자작나무 숲이 있는 강가에 왔습니다
언젠가 차디찬 내 손에 입김을 불며
강물만큼 고요하게 웃던 당신
하늘은 맑고 푸른데
외로운 햇살이 실금처럼 내려옵니다
강물에 내려앉은 하늘빛
당신 마지막 모습을 닮아 손을 대니
민감한 표정으로 흔들립니다
아!
내 작은 손끝에도
당신은 이렇게 웃는군요
당신 생각에
눈물 한 방울 떨어진 것뿐인데
어느새 당신은
강물이 되어 흐릅니다
아버지
아버지

달빛

빙하 건너 창백한 너의 밤이
꿈으로 와
무딘 촉수에도 꿈틀거리면
넋 놓고 바라보던 궁핍한 가슴
한 곳에 똬리를 트는 기억
내리막으로만 흐르던 너
비수로 솟구치던 어느 날인가
육신을 도막 내어 흩뿌리고도
혼자 눈감는 본능
위로받지 못해 서늘한 목소리
낭떠러지 아래 죽비로 떨어지고
발등을 찍으며 내린 은빛 조각
최면처럼 하얀 꽃이 피면
남루한 행색으로 비밀 하나 가진
하늘 귀퉁이마다 수심이 짙다

늦가을

오래된 그 집
외양간 뒤에 감나무 한 그루 살고 있다
상강 지나 서리꽃 무성하도록
조마조마하게 매달린 감
심심하면 외양간 지붕 위로 툭, 툭 내려앉는데
운석처럼 떨어지는 소리에 귀 한번 세우다가
눈만 껌벅거리던 늙은 암소는 오래전 집을 떠났다
슬레이트 지붕 고랑마다 단물이 고이고
기별 없이 찾아온 까막까치가
밥그릇마다 군침을 흘리면
이파리 듬성한 가지 사이로
참방참방거리는 물빛 하늘

오래된 그 집
감나무 한 그루
군말 없이 정물처럼 서 있다

7월에 지는 낙엽

한여름 나뭇잎 하나 진다
공복의 겨울을 나고 마른 가지 한 귀퉁이
참새 혓바닥만 한 눈을 뜨기까지
감각의 촉수를 게을리하지 않아
멋을 내지 않아도 싱그러운 초록
단풍 들도록 서 있을 것인지
익은 열매 한 입 물 수 있을 것인지
단물과 쓴 물의 경계를 알 수 없는 삶
이만하면 되었다고 여겼을까
아직 때가 아닌데 먼저 지는 잎
그늘이 춤을 추고 여름은 겸손해졌다
누군가는 걸어서 오고
누군가는 뛰어서 가고
나의 열 길이 너의 한 길에 그쳐
화려한 꽃이 아니면 어떠리
물기 어린 이별에도 시들지 않는 풀 향기
세상에 거저 와서 거저 가는 것이 없다고
지켜보던 무료한 생이 벌떡 일어선다

10월

꼬깃꼬깃하게 접혀 있던 감정들이
끓지 않고도 용암처럼 솟구친다
잊혀진 기억이 첫차처럼 다가오고
낯익은 것들마저 이방인의 눈빛으로
깨어나는 불면
기다림이 전부인 것처럼
그림자도 목을 뺀다
멀리 있어 그리운
그리워서 먼 그대
마지막까지 마지막이 아닌
기다림의 서막
서러운 것들이 모두 빛나는
이 계절

가을

들판도 익어가는 열매도
급해지는 걸음
풍성한 보따리 한 아름 안고
고향으로 돌아갈 마지막 열차
붉은 해는 단풍만큼 짧고
서리 내린 백지 위에
당신 생각으로
깊어지는 내 마음

바다의 자기소개서

나는 생명의 뿌리입니다
외모로 보아 크기를 가늠하기 어려우나
조그만 손바닥에 담을 수도 있습니다
세상의 제일 낮은 곳에 머무르며 늘 같은 모습이지만
자세히 보면 어제의 나와 오늘의 나는 눈빛이 다릅니다
수없이 날아온 별똥별의 눈동자가 고여 물이 된
하나이면서 여럿인 나는 만나고 헤어지는 일에 익숙하지만
헤아릴 수 없는 높이와 빛이 닿지 않는 깊이에서도
서로를 알기 위해 자맥질을 멈추지 않습니다
타고난 끈기로 바닥을 쉬 꺼내지 않지만
때로 밑바닥을 송두리째 갈아엎기도 하지요
시시때때로 사랑의 보금자리가 펼쳐지는
나의 몸은 거대한 산부인과 병동입니다
고래 수십 마리가 출산을 하는 긴장된 순간
난산에도 기쁨의 눈물이 핑 도는
손놀림 빠른 산파가 되는 것도 내 몫이지요
두 발로 걸어 육지로 간 물의 탯줄로 태어난 그대들
나의 눈물과 숨소리와 머리맡의 먼지로 빚었지만
아가미를 잃어버리고 난파선이 되어버린 기억

나는 걸음을 멈추지 않는 파도로 다가갑니다
잃어버린 물갈퀴는 전설이 되었지만
푸른 운명을 지닌 우리는 서로에게 보금자리입니다
앞서거니 뒤서거니 손잡고 가야 하는
한 지붕 아래 한 이불 덮고 사는 가족입니다

상사화

그대와 내가 하나 되어
기다림 뒤에 오는 기쁨을 잊고
지루함으로 투정하면서
설렘은 고집이 되고
희망은 고립이 되었습니다
가지 없는 이파리 없고
뿌리 없는 꽃 없다는 것을
같이 내리는 빗방울도
한 방향으로 부는 바람도
눈물이 되기도 하고
웃음이 되기도 한다는 것을
내 몸과 마음이 하나이면서
따로 일 때 많다는 것을
그대 생각
나의 꿈으로 온 뒤 알았습니다
낮과 밤처럼 등을 맞댄 우리
잊지 않기로 해요 영원히

가을 2

표지가 매력적인 책 한 권
파란 하늘이 첫 장에 펼쳐진다
맑고 투명한 주인공은
빛으로 세상을 유혹하고
눈 맞은 것들은 물들기 시작한다
달콤한 유혹은 오래 머물지 않는 것
외로움에 익숙한 들풀은
겸허한 빛으로 몸을 낮추고
말줄임표로 대신하는 작별의 말
첫 장에 잊혀진 낙엽 하나
에필로그에 책갈피로 피고
두께가 얇아
눈 깜짝할 사이 읽어버린 책
마음 해에 계속이라는
11페이지 마지막 말

가을 소나기

하늘에 무거운 바위가 있다
뿌리 깊게 박히지 못해
흔들리는 이처럼 드러난 어깨를
툭툭 치며 달라붙는 심술쟁이 자갈들
긴 숨 한 번 들이키더니
감당하기 어려운 제 무게를
수직으로 내려놓는다
빈 하늘
파란 볼우물
깊다

바람의 마에스트로

저수지 속에 버드나무 씨
어제저녁 달빛하고 뜬눈으로 지새웠군요
그럴 줄 알았어요 나도 마음 설렌 밤이었으니까요
아침 햇살이 어깨를 주물러주지 않았더라면
숲에서 나오지도 못했을 거예요
초록 구두가 잘 어울리는 벚꽃 님
핑크 드레스가 없어졌다고 실망하지 말아요
꽃보다 붉은 심장을 가지게 될 테니까요
잘려 나간 가지로 울퉁불퉁 골이 난 은행나무 씨
반달 같은 눈을 보니 마음이 놓이네요
올해도 변함없이
굳은살 박인 자리마다 금빛 마술을 걸 테지요
키가 큰 메타세쿼이아도
키가 작은 꽃다지도
모두 자기 자리를 잡았으니
잊지 말아요
우리는 최고의 오케스트라가 될 겁니다

산책

백발의 할머니 태우고
꽃무늬 유모차가 간다
초여름 햇살이 선부르게 달궈진 오후
휘청거리는 아지랑이 사이로
잘 닦인 길도 비탈처럼 간다
박대 같은 옆모습
유모차 가득 햇살을 싣고
바람이 숨을 쉴 때마다
은빛 눈매에 비늘이 반짝인다
마음 한때
분화구였거나 숯덩이였거나
조금 전 일도 이끼가 수북하건만
눈앞에 나타난 둔덕을 지날 때
덜컹, 아직 끝나지 않은 삶의 고동 소리
마른기침을 요령 소리 삼아
유모차를 밀고 간다
자신을 태우고
천천히 아주 천천히
남아 있는 생을 밀고 간다

노을 지는 풍경

버릴 수도 포기할 수도 없는
주어진 시간
허공에 몸을 세우고 걸어가는 길
쓰디쓴 커피도
마시다 보니 입에 붙고
책임만 남아 자신을 잃은 가슴에
웃음도 어두울 때가 있어
봄이 가을처럼
가을이 봄처럼 지나간다
만남이 필연이면
이별도 필연인 것
영원할 수 없는 사랑 앞에
흉도 허물도 삭여
해 기우는 걸음 뒤로 긴 그림자
십자가를 닮았다

담쟁이

작심삼일이 뭐예요?
마음먹었으니 가는 데까지 가보는 거지요
손을 내밀었으니 담벼락 하나쯤 책임져야지요
달팽이 걸음으로 걸어가요
튼튼한 기둥도 화려한 꽃도 없지만
끈질긴 인내심은 타고났나 봐요
더듬이 하나로 움켜쥔 집에는
풀벌레 가족들이 함께 살아요
이파리 뒤에
숨어있는 씨앗을 잘 키워서
새들에게도 나눠줘야지요
여기저기 빌붙어 산다고 손가락질도 받지만
한겨울 나면 또다시 무두장이의 손길로
저 벽을 타고 오를 거예요
차가운 벽에
푸른 옷을 갈아입힐 거예요

가을 선물

여름날 청년 같은 햇살의 손은 거칠었을 것이다
힘 들어간 그의 어깨를 다독거리며
빗방울이 강물처럼 깊게 내리고
바람은 그늘진 곳에 입김을 불어
가로세로 반질거리도록 닦았을 것이다
꾹꾹 눌러 담은 밥그릇처럼 묵직했던 가지
철없는 마음에 빗장 열어준 폭풍이 없었더라면
비워내는 마음 몰랐을 것이다
술지게미 몰래 먹고 달아오른
어릴 적 얼굴 닮은 저 홍시
군데군데 멍든 흔적 흉이 아니다
훌쩍 자란 나이테가 보조개처럼 박혀있으니

첫눈 오는 날

겨울, 꽃이 떨어진다
오늘따라 바람은 왜 이리 살가운지
이럴 줄 알았더라면 그 흔한 약속이라도 할 걸
그랬더라면
오랜만에 거울 앞에 오래 있었을 텐데
주름살 펴며
예쁘게 웃는 연습을 했을 수도 있었는데
십수 년 전의 너를 떠올리며
지금은 어떤 모습일까 마음 꽤나 설렜겠지
세월의 흔적만큼 변해버린 서로에게
그대로네, 입에 발린 칭찬도 하면서
꼬깃꼬깃 해묵은 이야기가 어제처럼 툭툭 튀어나오고
우습게도 그 옛날처럼
떨리는 손으로 커피잔을 잡고
꼴깍 목울대를 넘어가는 소리
공연히 얼굴이 달아올라
혀만 적시다 절반도 더 남은 커피가
식어가는 모습을 보았을지도 모르는데
바쁘게 사는 게 무슨 전유물이라도 된 듯

호들갑도 떨면서
서로의 가정사를 절반쯤 숨겨놓고 자랑인 듯 흉인 듯
입꼬리 말아 올리며
서너 시간 훌쩍 지나가버리고
어느새 내려온 어둠에 손 한 번 잡으며
아쉬운 이별을 했을지도 모르는데
첫눈 오는 날 만나자고
유치한 약속이라도 했더라면
설사, 혼자라도 약속을 지키고
빈 테이블 위 흰 눈처럼 소복한
생크림이라도 후후 불면서
이제는 잊어야지, 은하수보다 먼 별처럼
창밖으로 내리는 눈을 볼 수도 있었는데

겨울 산

겹겹이 껴입었던 옷들
훌훌 벗고
동면에 들었다
더 이상 감출 것 없으니
저리 편안한 것을
솔직한 속내가 부럽다
햇살 베개
바람 자장가
하얀 솜이불 덮고
한숨 자고 일어나면
땅도 놀랄 거야
실해진 허벅지들이
기지개 켜는 소리에

눈

한겨울
새하얀 철새들의 날갯짓
훨훨 무리 지어 날아와
발이 닿는 순간
날개는 잠시 접어도 좋다고
지상의 파수꾼처럼
녹을 줄 알면서
내려온다
내려온다

오래전
내 짝사랑처럼

잘 익는다는 것

묵은 김치 한 포기
계절을 나는 동안 군침이 돌게 익었다
아삭한 김치 식탁에 올려놓고
밥 한 공기 뚝딱 비우니
잘 익은 김치 한 포기 보약보다 낫다
제아무리 좋은 씨앗도
여물기를 기다리지 못하면 쭉정이가 되고
계절도 익을 만큼 익어야 다음 계절이 오는 것
세상에 거저 되는 것이 무엇이랴
상처가 나는 것도 이유가 있고
기다림에도 때가 있으니
섣불리 익어 군내만 펄펄 나는
무른 김치는 되지 말아야지
뚜껑을 열 때마다
잘 익은 사람 냄새 그득한
단지 하나 마음에 들여놓아야지

동백나무 아래서

동백꽃 진다, 툭툭
춥고 설운 날들은
추억 속에 남고
가장 진한 향기는
성에 낀 흙에게 주는 선물
살아평생보다 붉은 입술
올 때도 꽃이었으니
갈 때도 꽃이어야지
꽂꽂하게 앉아
이별을
기별처럼
동백꽃 진다
꽃이
꽃답게 진다

겨울 객주 봄 마실

누추한 나의 방에 오신 걸 환영해요
기다리고 있었지만 이렇게 성큼 오실 줄 몰랐네요
웃풍이 있으니 아랫목을 내어드릴게요
조금만 지나면 온기가 돌 거예요
목이 칼칼한가요 차 한 잔 드릴게요
눈빛이 곱네요 자꾸 눈길이 가요
연둣빛 손톱을 물어뜯지 말아요
나들이 온 햇살 때문에
부끄러운가요 얼굴이 붉어졌어요
내 몸에 물소리가 들려요
동상 걸린 발가락이 간질거려요
빠졌던 머리칼이 다시 나오네요
마음이 뭉글뭉글 부풀어 올라요
눈이 부셔요 잠깐만요,
당신 언제 내 몸속에 들어왔나요
언제부터 내가 당신이 되었나요

봄의 악보

긴 겨울잠에서
기지개를 켜는
순결한 오선지
통, 통, 통
꽃물 든 음표마다
물수제비뜬다
박자는 마음 따라
때로는 선명하게
때로는 부드럽게
마음은 고백보다
몇 발자국 더 앞서
어디로 튈지 모르는데
되돌이표 마디마다
꿀벌의 비행
흔적마다 기적의 합창 소리

봄 편지

어제는 빗방울이 톡톡
인기척을 내더니
오늘은
햇살이 눈웃음을 칩니다
바스락바스락 잘 마른바람에
고집 센 겨울나무 간지럼을 타고
뾰족하게 입을 내민 연초록들
풋내 물씬 나는 계절입니다
겨우내 예고된 이별은
유리문을 사이에 두고서도
지독하게 고요했습니다
강물도 저 혼자 식어갔으니까요
수북이 쌓인 햇살이
남루한 심정에 마름질을 하고
설익은 풍경이 이따금 생색을 내는 4월
개울가 물도 안부처럼 흐르는데
그대, 잘 지내시나요

그리움의 계절

푸른 하늘을 보고 있으면 가슴에 물 흐르는 소리가 난다
한 계절의 문이 열리고 사금파리 같은 정거장에 닻을 내리면
먼저 다가온 그리운 말들이 마음속에 빼곡하다
간혹 가까운 곳에서 먼 이야기처럼 이별이 오기도 하지만
잊어야 할 것을 잊지 못하는 달콤한 장애
무뎌질수록 서러운 시간이 쌓여만 가고
아물지 못한 끝에는 티끌만 한 추억에도 물기가 돌았다
설움의 기억도 날이 갈수록 아름다워지고
시린 눈길로 서성거린 자국에 누워서도 손짓을 하는 바람
닫아도 닫히지 않고 열지 않아도 열려 있는 마음에
남겨진 뒷모습이라고 외면할 수 있을까
하루가 다른 푸른빛으로
투명하게 자신을 열어 보이는 저 넓은 창 아래서

단풍

변심한 애인처럼
하루아침에 싸늘해진 얼굴
대책 없이 푸른 심장으로
하늘은 꿈쩍도 하지 않는다
습관처럼 이별을 복습하는 계절
하루에 하루를 얹어보아도
쓸쓸함의 무게는 줄어들지 않고
비워져 가는 하늘만큼
그리움으로 채워지는 날들
등을 져 본 사람은 안다
눈물보다 더 시린 것은 없다는 것을
눈물도 꽃이라는 것을
지면서 피는 꽃이 있다는 것을

노을 지는 풍경 2

키 작은 아버지가 키 큰 아들 뒤에 걸어간다
십수 년 전 어린 아들이 아버지 뒤를 따르던 것처럼
자식 앞에 부끄럽고 싶지 않았던 아버지를 빼닮아
걸음마저 무덤덤한 아들을 따라간다
세상에 아버지가 아니면
아무도 풀 수 없는 암호가 있으니
구석진 자리에서 꺾어진 날개를 달고
아버지의 짐을 대물림한 아들의 등 뒤로
어린 손자의 손을 꼭 쥔 늙은 아버지가
숯불처럼 붉은 눈으로 간다

안개꽃 소나타

무리 지어 있어도
한 송이를 위한 들러리
한 다발
한 묶음
늘 따라다니는 말

장미 한 송이 백합 한 송이
부럽기도 하지만
너는 달빛을 닮은 구름 꽃
화려한 대신 화사한 향기로
하얀 세상을 꿈꾼다

세상을 수놓은 무리 속에서
선택받지 못하면 좀 어때
오손도손 모여
묵직한 다발이 되는 것인데
주인공보다 당당한 조연이 되는 것인데

좋은 시의 뿌리 **책나무출판사 시선집**

215 고치완 시집

달빛 풀어 밑줄 긋다

216 문용철 시집

월곡리의 달

217 서하영 시집

내 마음의 뜨락

218 오경화 시집

당신의 언어

219 추청곡 시집

크레바스

220 이진동 시집

불안 자기치유

221 박정태 시집

봄을 움켜쥐고 간 바람

222 유석종 시집

칫솔 든 돈키호테

223 서민경 시집

내 가슴에 핀 꽃

괜찮아, 하고 돌아서면
정말 괜찮을 줄 알았는데
된서리 내린 새벽
맨발에 닿던 찬 기운이
가슴에 와닿는 것 같았어
목구멍에선
쓸개즙 같은 신물이 올라오고
바람에 못 이겨 우는 문풍지처럼
떨리던 목젖
독한 술 두어 병을
통째 들이킨 것 같은 낯빛에
혹시 누가 볼까
밖으로 내보내지 못하는 눈물이
코끝에서 매운 독감처럼 쿨럭여
고개를 들지 못하겠는데
너 어째서 괜찮다 그랬니
너 어째서 그런 거짓말을 참말처럼 한 거니
괜찮다는,
순전히 거짓말인 그 말을……

–「순전히 거짓말」 전문

값 10,000원

ISBN 978-89-6339-647-7